Schriftenreihe
zur Praxis der Leibeserziehung
und des Sports

BAND 7

Wasserspringen

lernen – üben – leisten

Ein methodischer Leitfaden der Grundausbildung
für Lehrer und Übungsleiter

Heinz Braecklein

Verlag Karl Hofmann 7060 Schorndorf

CIP-Kurztitelaufnahme der Deutschen Bibliothek

Braecklein, Heinz:

Wasserspringen: lernen, üben leisten; e. method. Leitf. d. Grundausbildung für Lehrer u. Übungsleiter / Heinz Braecklein. — 4. Aufl. — Schorndorf: Hofmann, 1978.
(Schriftenreihe zur Praxis der Leibeserziehung und des Sports; Bd. 7)
ISBN 3-7780-5074-5

Bestell-Nummer 507

4., verbesserte Auflage 1978

Zeichnungen: E. Rümmelein

Erschienen als Band 7 der „Schriftenreihe zur Praxis der Leibeserziehung und des Sports"
Redaktion: Karl Koch

Gesamtherstellung in der Hausdruckerei des Verlags
Printed in Germany · ISBN 3-7780-5074-5

Inhalt

Vorwort zur 4., verbesserten Auflage

Im Schwimmunterricht in der Schule und im Verein nimmt das Wasserspringen leider immer noch einen bescheidenen Raum ein. Die Ausbildung wird oft mit dem Startsprung abgeschlossen — und dann ist sich der frischgebackene Freischwimmer selbst überlassen. Nachdem Wasserspringen in der Sportlehrerausbildung an vielen Instituten nicht mehr geprüft wird, fehlt es auch an fachkundigen und interessierten Lehrkräften. In den Vereinen leidet die Grundausbildung darüber hinaus durch die vorzeitige Spezialisierung auf den Wettkampf.

Das Sammeln vielseitiger Bewegungserfahrungen wird oft vernachlässigt — wichtige Ausbildungsstufen werden übersprungen. Viele Lehrer und Übungsleiter wissen auch nicht, welch vielfältiges Übungsgut für einen freudvollen Unterricht verfügbar ist.

Wenn das Interesse am Wasserspringen wachgerufen und vor allem erhalten werden soll, dann ist im Springunterricht der kontinuierliche Aufbau vom einfachen, spielerischen Beginnen bis zur gestalteten Leistung eine unumgängliche didaktisch-methodische Notwendigkeit.

Der vorliegende Band 7 der „Schriftenreihe zur Praxis der Leibeserziehung und des Sports" sieht seine Aufgabe darin, in sachgemäßer und auch dem Nichtfachlehrer verständlichen Weise einen kurzen, in der Praxis bewährten Weg vom spielerischen Bemühen bis zur gestalteten Leistung innerhalb der Grundausbildung aufzuzeigen.

Freiburg, im Juni 1978 HEINZ BRAECKLEIN

A. Einführung

Das Wasserspringen entwickelte sich aus den einfachen Brauchformen zu einer eigenständigen Sportart.

Wasserspringen ist ein wertvolles Übungsgebiet zur Bewegungsschulung und fördert im besonderen Maße Gewandtheit, Entschlußkraft und Konzentrationsfähigkeit. Trotz dieser Vorzüge wird es zu wenig gepflegt, und es ist noch nicht gelungen, diesem Zweig des Schwimmsports mehr begeisterte Anhänger zuzuführen.

Die Ursache liegt nicht in mangelnder Sprungfreudigkeit, sondern an unzureichenden Kenntnissen der Lehrwege.

Wie oft müssen wir erleben, daß der Sprung ins Wasser ohne Vorbereitung und nur als „Mutprobe“ gefordert wird. Vielen Lehrkräften sind weder Vorübungen und Sprungfiguren noch die methodischen Möglichkeiten bekannt. Sie unterrichten so, wie sie vor Jahrzehnten selbst Springen erlernt haben. Da sich auch die vorhandene Fachliteratur fast ausschließlich mit Wettkampftraining befaßt, fehlt eine Anleitung für den Ausbildungsgang im Anfängerspringunterricht.

Das ausschließlich auf die Wettkampfvorbereitung gerichtete Training mit ein paar veranlagten Springern in den Schwimmvereinen ist zu einseitig. Die festgefahrenen Methoden schließen vielseitige Bewegungserfahrungen aus, das lustbetonte Üben wird mehr und mehr zur Arbeit.

Wir können diese Fehlentwicklung nur durch eine methodisch folgerichtige Lehrweise überwinden.

Den Übungsleitern soll nachfolgend ein in der Praxis erprobter und bewährter Weg empfohlen werden, der den Anfänger vom spielhaften Üben zur formgebundenen Leistung führt.

B. Zur Organisation des Springunterrichts

Die Vorbereitung und Durchführung des Schwimm- und Springunterrichts in Hallen- und Freibädern stellt an die Übungsleiter größere Anforderungen als in allen anderen Gebieten der Leibesübungen. Luft- und Wassertemperatur entsprechen selten unseren Wünschen und hemmen die Übungsfreude. Der unvermeidliche Lärm in den Schwimmbädern erschwert die Verständigung. Ordnung ist nur aufrechtzuerhalten, wenn die Übungsgruppe ständig in Bewegung bleibt. Wenn das Frieren beginnt, hört das Lernen auf! Die erfolgreiche Lehrarbeit hängt deshalb besonders von der guten Unterrichtsorganisation ab.

Die folgenden, in der Praxis bewährten Maßnahmen werden beim Springunterricht empfohlen:

1. Von jeder Übungsstunde verwenden wir 10—15 Minuten für Springübungen.
2. In der Vorbereitungsstufe werden Gruppenübungen vom Beckenrand bevorzugt. Dabei ist zu beachten, daß die Sprungtiefe vom Beckenrand bis zur Wasseroberfläche wenigstens 40 bis 50 cm betragen soll. In vielen neuen Bädern ist diese Voraussetzung für Sprünge vom Beckenrand nicht gegeben. Deshalb sollten z. B. Sprungversuche mit Drehungen um die Breitenachse besser vom Sprungbrett geübt werden.
3. Der Gruppenunterricht ist am besten mit Pfeifensignalen zu leiten.
4. Für Gruppenübungen vom Beckenrand richtet sich die Bereitstellung der Übungsgruppe nach dem verfügbaren Platz:
   a) Aufstellung in Linie mit 1 m Zwischenraum auf beiden Längsseiten des Beckenrandes.
   Steht das ganze Becken für die Klasse zur Verfügung, so schwimmen die Teilnehmer nach dem Sprung zum gegenüberliegenden Beckenrand und stellen sich dort wieder bereit.
   b) Ist die Übungsgruppe zu groß, so springen die „Einsen, Zweien und Dreien" auf Zeichen des Übungsleiters nacheinander.
   c) Kann nur eine Längsseite des Beckens benutzt werden, dann schwimmt die erste Gruppe nach dem Sprung zum Absprungplatz zurück und bleibt dort im Wasser, bis die nächste Gruppe abgesprungen ist.
   d) In den genannten Formationen kann auch nacheinander (am laufenden Band) mit vergrößerten Zwischenräumen vom Beckenrand geübt werden. Dadurch wird Zeit für gegenseitige Beobachtungen und Einzelkorrekturen gewonnen.

5. Sprünge dürfen nur auf ein Zeichen des Übungsleiters ausgeführt werden.
6. Beim Springen vom Brett soll die Übungsgruppe nicht mehr als 10 Teilnehmer betragen.
7. Die Übenden sitzen oder stehen dort bereit, wo sie die Sprünge gut beobachten können.
8. Das Verhalten nach dem Sprung (Schwimmen zur Leiter, zum Beckenrand) ist vor Beginn des Unterrichts festzulegen.
9. Auf dem Sprungbrett soll immer nur ein Springer bereitstehen, da andernfalls Konzentration und Brettfederung leiden.
10. Der Übungsleiter steht beim Brettspringen in Höhe der Brettspitze auf dem Beckenrand, von diesem Platz kann er am besten beobachten.
11. Der Weg des Springers führt nach dem Sprung am Übungsleiter vorbei, damit Korrekturen gegeben werden können.

C. Sicherheitsmaßnahmen

Beim Wasserspringen gibt es „nur wenig Möglichkeiten zum sinnvollen, direkten Sichern und Helfen".

Der Übungsleiter kann vor allem durch methodisch richtiges Vorgehen indirekt helfen. Er muß beurteilen, ob die Voraussetzungen für einen neuen oder schwierigeren Sprung vorhanden sind und kann durch entsprechende Übungen vorbereiten und fehlerhafte Sprünge durch Korrekturen verbessern.

Das Gelingen eines Sprunges hängt aber vorwiegend vom Übenden selbst ab und ist bei Erstversuchen immer ein Wagnis. Fehlleistungen haben oft einen Aufschlag auf das Wasser zur Folge, der um so unangenehmer ist, je mehr Breitfläche dem Wasser beim Eintauchen geboten wird. Das ist im Augenblick zwar schmerzhaft, vergeht aber schnell wieder.

Einfache Sprünge vom Beckenrand und 1-m-Brett sind ungefährlich, aber bei Absprüngen aus größerer Höhe ist Vorsicht geboten. Unsere erste Sicherungsmaßnahme heißt: „Solange der Grundschulsprung noch nicht vom 1-m-Brett beherrscht wird, darf er aus größerer Höhe nicht versucht werden."

Ernsthafte Verletzungen können durch Zusammenstöße mit Schwimmern, die sich unter der Sprunganlage aufhalten, entstehen. Ständige Aufsicht beim Wasserspringen ist deshalb unerläßlich.

In der Praxis haben sich folgende Sicherheitsmaßnahmen bewährt:

1. Die Sprunganlage ist vor Beginn des Unterrichts auf ihre Betriebssicherheit zu prüfen und die Brettfederung dem Körpergewicht anzupassen.
2. Der Absprungplatz (Beckenrand oder Brett) muß rutschfest sein.
3. Holzbretter müssen mit einer straffgespannten Matte versehen sein. Duraflexbretter sind auf der Lauffläche aufgerauht und werden ohne Matte benutzt.
4. Nicht in unbekannte Wassertiefen springen, sondern erst prüfen. Die Mindesttiefe für Sprünge vom 1-m-Brett beträgt 3,0 m.
5. Der Sprungbereich ist von Schwimmern freizuhalten. Notfalls ist der Raum um die Brettspitze nach den Seiten (2 m) und in Sprungrichtung (8 m) abzusperren.
6. Der Übungsleiter legt fest, in welcher Richtung das Schwimmbecken nach dem Sprung zu verlassen ist.
7. Das Brett wird erst zum Sprung freigegeben, wenn sich der Übungsleiter davon überzeugt hat, daß der Eintauchraum frei ist.
8. Die Springer müssen sich bemühen, in Sprungrichtung wieder aufzutauchen, sie dürfen nicht unter Wasser zum Beckenrand schwimmen.
9. Das Kopfwärtstauchen mit angelegten Armen ist wegen der möglichen Verletzungsgefahr grundsätzlich verboten.

D. Der Lehrweg

Die Grundausbildung im Wasserspringen umfaßt Sprünge vom Beckenrand und 1-m-Brett, sie beginnt mit einfachen Vorübungen und wird mit dem Erlernen der 1/1 Salti und halben Kopfsprungschrauben abgeschlossen.

Der Lehr- und Lernprozeß ist in drei Ausbildungsstufen gegliedert:

Die *Vorbereitungsstufe* umfaßt Vorübungen und Sprünge, die den Anfänger an den Sprung ins Wasser gewöhnen. Es gilt zunächst Bewegungserfahrungen unter einfachen Bedingungen zu sammeln.

In der *Lehr- und Lernstufe* ist die Ausbildung auf das Erlernen der Grobform verschiedener Sprungfiguren gerichtet. Häufige Wiederholungen und wechselnde Übungsbedingungen führen zu weiteren Bewegungserfahrungen, zu Selbstvertrauen und größerer Sicherheit.

Die *Leistungsstufe* hat die Feinformung, Festigung und Stabilisierung formgebundener Sprünge zum Ziel. In diesem Ausbildungsabschnitt konzentriert sich das Üben auf die sportgerechte Ausführung der Sprünge. Sprunghöhe, Bewegungsführung, Haltung und Eintauchen werden durch Feinkorrekturen weiter verbessert.

I. VORBEREITUNGSSTUFE

Beseitigung von Hemmungen — Gewöhnung an das Tauchen und Springen — Sammeln von Bewegungserfahrungen — Spielhafte Anwendung.

Schon mit den Nichtschwimmern wird in den ersten Unterrichtsstunden mit einfachen Fußsprüngen in hüft- und brusttiefes Wasser begonnen. Wir springen von den Treppenstufen und vom Beckenrand.

Auftretende Hemmungen haben ihre Ursache häufig in der ungenügenden Tauchfertigkeit. Die Gewöhnung an das Untertauchen gehört deshalb zur Vorbereitung auf das Springen.

1. Tauch- und Gleitübungen

Übungen und Sprünge im Nichtschwimmerbecken:

Hüpfen am Ort im Wechsel mit Untertauchen
Abstoß- und Gleitübungen
Handstand
Bockspringen
Delphinspringen
Fußsprünge aus dem Sitz, dem Stand und mit kurzem Anlauf *(Abb. 1—4)*
Wer springt am weitesten, wer gleitet am weitesten? Wer bleibt am längsten unter Wasser?

Abb. 1 Der erste Versuch

Abb. 2 Immer eine Stufe höher!

Methodische Hinweise:

Bei ängstlichen Kindern führt die Hilfeleistung durch Lehrer oder Mitschüler schneller zum Ziel.
Nicht zu schnell vorgehen! Nur häufige Wiederholungen festigen Sicherheit und Selbstvertrauen.

Abb. 3 Sprung aus dem Sitz

Abb. 4 Wer springt am weitesten?

2. Gewöhnung an den Sprung in tieferes Wasser

Sprungübungen fußwärts

Die folgenden Übungen vermitteln neue Bewegungsformen. Wir richten unsere Aufmerksamkeit nicht auf die Haltung sondern auf die Sprungbewegungen.

Übungsfolge:

Abstützen aus dem Sitz zum Fußwärtstauchen *(Abb. 3)*
Fußsprung aus dem Stand
Fußweitsprung *(Abb. 4)*
Schrittsprung *(Abb. 5)*
Fußsprung mit Hocken
Paketsprung
Schafsprung
Fußsprünge mit Drehungen um die Längsachse
Fußsprünge mit Anlauf

Abb. 5 Schrittsprung aus dem Stand und mit Anlauf

Abb. 6 Wir springen über die Bank

3. Sammeln vielfältiger Bewegungserfahrungen:

Wer springt am höchsten?
Wer taucht schnell wieder auf?
Fußsprünge über Bank, Bock und Stange. *(Abb. 6—8.)*
Springen zu Paaren, in Gruppen. *(Abb. 9)*
Sprung mit anschließender Schwimmaufgabe.
Sprünge mit Anlauf.

Abb. 7 Bockspringen

Abb. 8 Im Hocksprung über die Stange

Abb. 9 Wir springen alle gleichzeitig

Methodische Hinweise:

Für die ersten Sprünge wählen wir nur eine geringe Wassertiefe.
Erst mit zunehmender Sicherheit springen wir in tieferes Wasser. Gemeinsame Sprünge mit Handfassung helfen über die Hemmungen hinweg. In

schwierigen Fällen schwimmt der Übungsleiter zur Hilfeleistung selbst neben der Eintauchstelle.

Wenn die Übungen vom Beckenrand gelingen, versuchen wir die Einzelsprünge vom 1-m-Brett.

Wer bis zum Beckengrund taucht, stößt sich mit den Füßen ab, um schneller wieder aufzutauchen.

II. LEHR- UND LERNSTUFE

Erproben und Üben formgebundener Sprünge — Erlernen der Grobform — Beseitigung bewegungshemmender Fehler — Erweiterung der Bewegungserfahrungen —

1. Absprung vorwärts aus dem Stand

Vom guten Absprung ist das Gelingen eines jeden Sprunges abhängig. Die Absprungbewegungen müssen harmonisch mit der Brettfederung verbunden sein, wenn der Sprung gelingen soll.

Der Springer geht bis zur Brettspitze, nimmt die Arme zuerst schulterbreit in die Vorhalte und legt sie dann an die Oberschenkel.

Jetzt werden die Arme langsam hochgeführt und wieder herabgeschwungen, um das Niederdrücken des Brettes zu verstärken. Sobald die Rückfederung des Brettes beginnt, folgt der kräftige Abdruck mit beiden Beinen und das Vorhochschwingen der Arme. Der Körper soll völlig gestreckt sein, wenn die Füße das Sprungbrett verlassen *(Abb. 10)*.

Abb. 10 Der Absprung vorwärts aus dem Stand vom 1-m-Brett

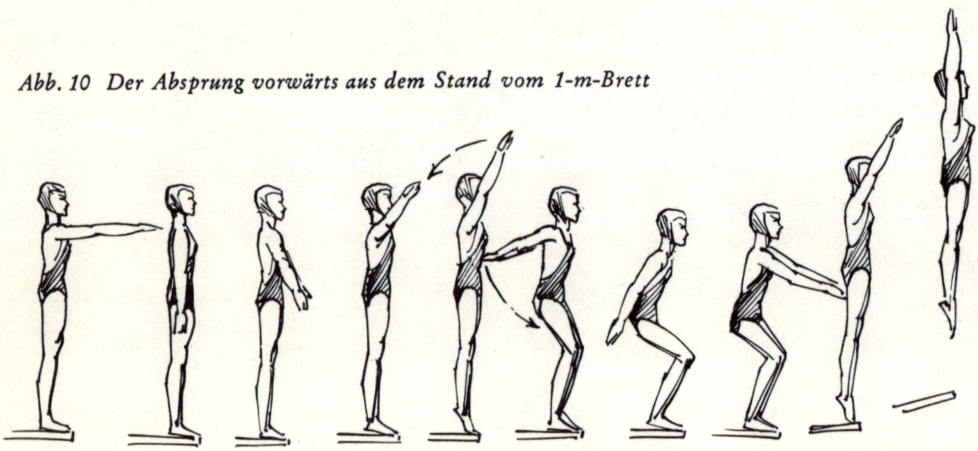

Methodische Hinweise:

Den Absprung aus dem Stande bereitet man zunächst in der Turnhalle von Bänken und Kastendeckeln vor.
Für Anfänger soll die Brettfederung nicht zu weich eingestellt werden.
Zuviel Vorlage führt zur ungenügenden Ausnutzung der Brettfederung und zu Weitsprüngen.
Die Sprungweite soll nicht mehr als einen Meter betragen.

Fehler:	Ursache:	Korrektur:
Weitsprung	Vorlage	Oberkörper aufrichten, Hüfte strecken, Arme hochschwingen.
Lösen der Füße beim Schwungholen	Ruckhafter, flüchtiger Armschwung	Langsame Ausholbewegung, Brett tiefer herabdrücken.
Verlust des Gleichgewichts im Fluge	Kreisen der Arme hinter dem Rumpf	Arme erst im absteigenden Ast der Flugbahn anlegen.

2. Formgebundene Fußsprünge vorwärts

Strecken — hocken — hechten — schrauben

Die folgenden Sprünge üben wir vom Beckenrand und 1-m-Brett. Der Absprung soll möglichst hoch, das Eintauchen senkrecht sein. Die Arme schwingen beim Absprung vorhoch und sind vor dem Eintauchen an die Oberschenkel zu legen.

Wir begnügen uns zunächst mit dem Erlernen der Grobform und korrigieren bewegungshemmende Fehler.

Übungsfolge:

Fußsprung gestreckt *(Abb. 11)*
Fußsprung gehockt *(Abb. 12)*
Fußsprung gehechtet *(Abb. 13)*
Fußsprung mit Schraubendrehung *(Abb. 14)*

Abb. 11 Strecksprung

Abb. 12 Hocksprung

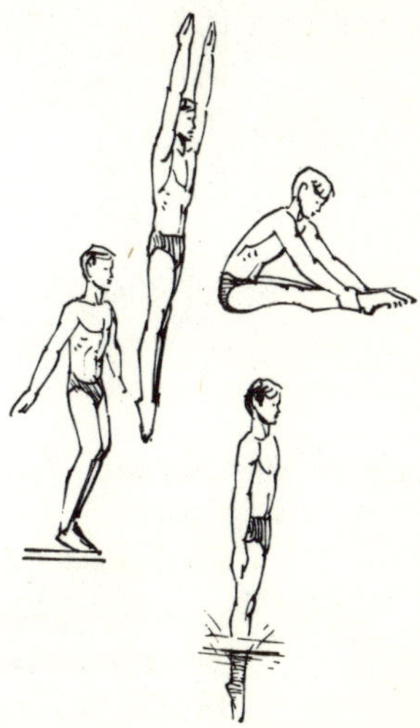

Abb. 13 Hechtsprung

Methodische Hinweise:

Korrekturen nehmen wir in chronologischer Folge des Bewegungsablaufes vor. Insbesondere muß der weiten Vorlage beim Absprung entgegengewirkt werden. Der Übungsleiter kann die Sprungweite am besten mit vorgehaltener Stange regulieren.

Die häufigsten Fehler sind:

Zuviel Vorlage
Ungenügender Armschwung
Hohlkreuzhaltung
Offene und flüchtige Hock- und Hechtphase

3. Absprung aus dem Stand rückwärts

Der Springer geht zur Brettspitze, macht dort eine Kehrtwendung und streckt die Arme parallel in die Vorhalte, um das Gleichgewicht beim Einnehmen der Absprungstellung besser zu halten. Dann setzt er einen Fuß zurück und stellt den anderen nach.

Beine und Fersen sind in der Absprungstellung geschlossen. Das Körpergewicht ruht auf den Fußballen, die Fersen sollen nicht angehoben werden.

Sobald der sichere Stand vorhanden ist, folgen die Absprungbewegungen in der gleichen Weise wie zum Sprung vorwärts *(Abb. 10 und 15, 16).*

Abb. 14 1/2 Schraubendrehung

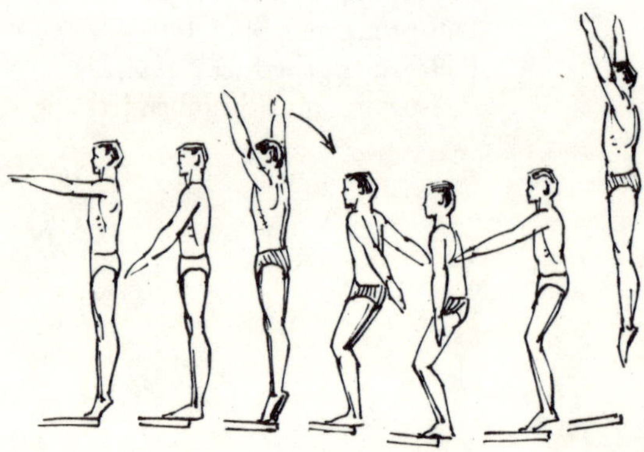

Abb. 15 Absprung rückwärts

Methodische Hinweise:

Erst auf festem Boden üben, dann vom Sprungbrett.
Beim Einnehmen der Absprungstellung ist zu beachten, daß zuerst die Arme in die Vorhalte genommen werden, dann ein Fuß zurückgestellt und der andere nachgezogen wird.

Fehler:	Ursache:	Korrektur:
Verlust des Gleichgewichts vor dem Absprung	schnelle Kehrtwendung, falsche Armhaltung	Erst die Arme in die Vorhalte nehmen, Füße langsam zurückstellen.
Rücklage beim Absprung	Anfallen beim Schwungholen	Oberkörper leicht vorlegen, Hüfte nicht beugen.
Hüftbeugen beim Absprung	flüchtiger Absprung, „Brettangst“	Langsam Schwungholen, Gesäß- und Bauchmuskeln anspannen.

4. Formgebundene Fußsprünge rückwärts

Der Bewegungsablauf ist der gleiche wie bei Vorwärtssprüngen. Formgebundene Rückwärtssprünge üben wir nur vom 1-m-Brett, um die Berührung des Beckenrandes bei mißglückten Versuchen von vornherein auszuschließen. Wir üben die Fußsprünge rückwärts gestreckt, gehechtet und gehockt.

Abb. 16
Hocksprung rückwärts

5. Spielerisch erweitern wir unsere Bewegungserfahrungen *(Abb. 17—24).*

Paketsprung
Abrollen rückwärts
Bombe
Sitzsprung
Gruppensprünge

Abb. 17
Paketsprung

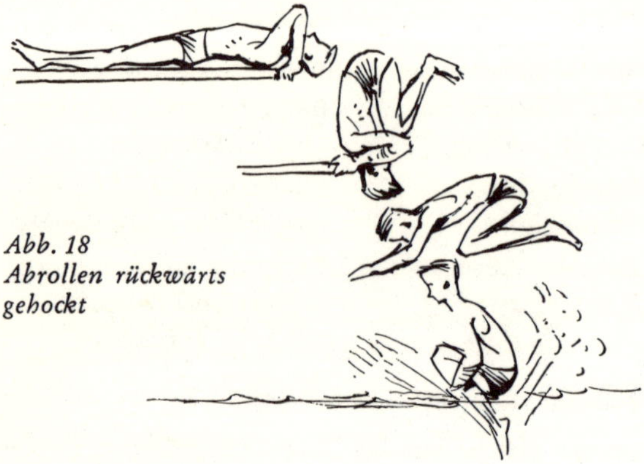

Abb. 18
Abrollen rückwärts gehockt

Abb. 19 Abrollen rückwärts gehechtet

Abb. 20 Die Bombe

Abb. 21 Sitzsprung

Abb. 22
Wir legen uns beim Bobfahren in die Kurve

Abb. 23
Die Bombe im Gruppensprung

Abb. 24 Eine Kettenreaktion

6. Hinführen zum Kopfsprung vorwärts

Die Gewöhnung an das Kopfwärtstauchen wird durch vielseitige und wechselnde Übungsaufgaben erreicht. Obwohl die „Haltung" beim Erlernen der Grobform nur sekundäre Bedeutung hat, soll beim Kopfwärtstauchen bewußt auf die straffe Beinhaltung und die festgestellte Hüfte geachtet werden. Taucht der Springer mit Hohlkreuz und locker gehaltenen Knien in das Wasser, so schlagen die Unterschenkel nach und können einen schmerzhaften Druck auf die Lendenwirbel verursachen. Diesem Fehler ist nur durch ausreichende Eintauchübungen zu begegnen, die in der Fachsprache „Abfaller" heißen.

Abfaller werden ohne Fußabdruck ausgeführt.

Übungsfolge:

Kopfwärtstauchen vom Beckenrand aus der Bauchlage *(Abb. 25)*.

Abb. 25 Wir rutschen wie die Seehunde ins Wasser

Abb. 26 Abfaller vorwärts aus dem Kniestand

Abfaller vorwärts aus dem Kniestand und Kniesitz.

Der Kopf liegt zwischen den Armen, der Blick ist auf die Eintauchstelle gerichtet. Rumpf und Hüfte werden erst kurz vor dem Eintauchen gestreckt *(Abb. 26)*.

Abb. 27 Abfaller vorwärts aus der Rumpfbeuge

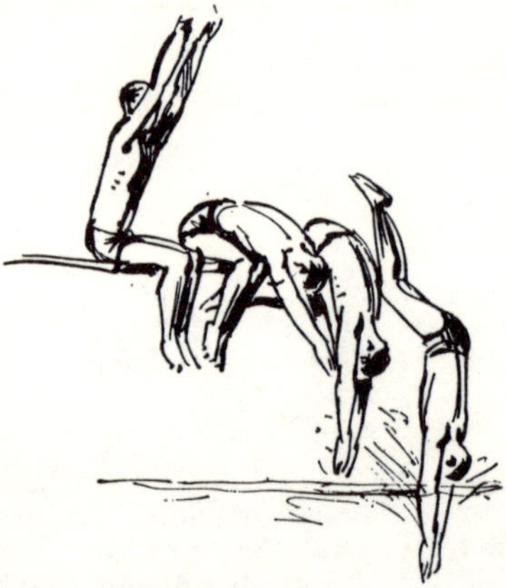

Abb. 28 Abfaller vorwärts aus dem Sitz

Abfaller vorwärts aus dem Stand *(Abb. 27)*.

Tiefe Rumpfbeuge vorwärts. Die Beine bleiben völlig gestreckt — langsame Hüftstreckung — durchtauchen bis zum Beckengrund.

Abb. 29 Schwunghaftes Abrollen zum Kopfwärtstauchen

Abb. 29 a Der Froschsprung

Kopfwärtstauchen mit Absprung

Durch die Abfallübungen sind wir ausreichend vorbereitet, um den „Absprung“ zu üben.

Übungsfolge:

Abfaller wie in *Abb. 27* und leichtem Fußabdruck.
vorwärtskippen — abdrücken, strecken, eintauchen *(Abb. 30).*

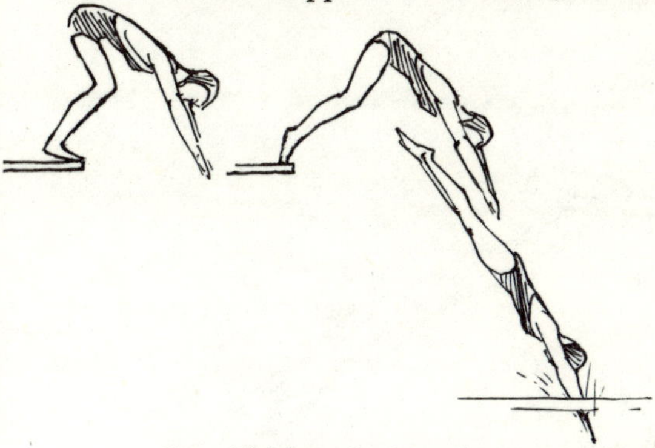

Das Gleiche mit Armschwung — verstärkten Absprung — größerer Sprungweite — Ausgleiten.

Startsprung.

Wir üben den Sprung als Vorstufe zum sportgerechten Kopfsprung.
Die Füße stehen handbreit nebeneinander auf dem Startblock. Knie und Hüfte sind gebeugt, der Oberschenkel vorgeneigt. Eintauchtiefe 50—100 cm.

Die Arme schwingen aus der Rückhalte nach vorn und verstärken den Absprung.

Fortgeschrittene Springer schwingen die Arme kreisförmig *(s. Abb. 31).*

Kopfweitsprung.

Eintauchtiefe nach dem Absprung bis 1 m — Ausgleiten in Strecklage ohne Schwimmbewegungen.

Im Wettbewerb wird die Weite vom Start bis zum Auftauchen des Kopfes gemessen.

Bei gleicher Tauchstrecke entscheidet die kürzere Zeit.

Abb. 31 Startsprung

Abrenner.

Absprung mit Anlauf, Absprung mit einem Bein, Ausgleiten lassen. *(Abb. 32 und 33.)*

Wir üben Froschsprung, Startsprung, Kopfweitsprung und Abrenner im Wettbewerb und verbinden damit Schwimm- und Tauchübungen.

Mit spielerischen Sprungübungen — Sprünge über und durch Hindernisse — erweitern wir unsere Fertigkeiten.

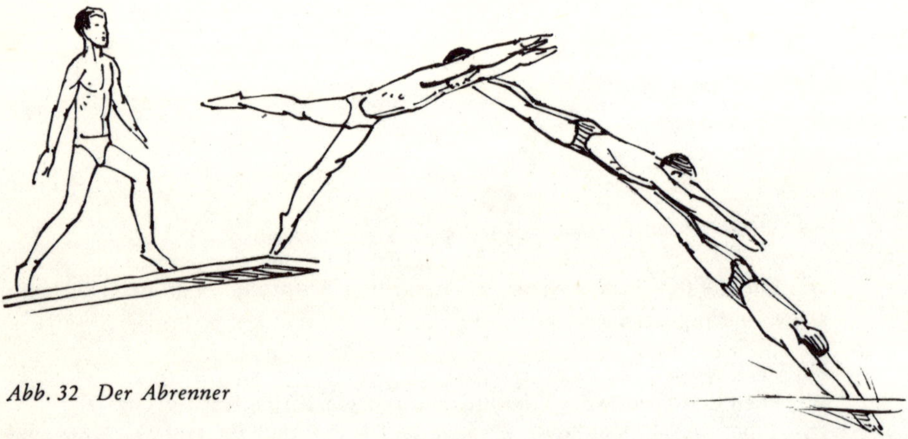

Abb. 32 Der Abrenner

Abb. 33 Abrenner in der Gruppe

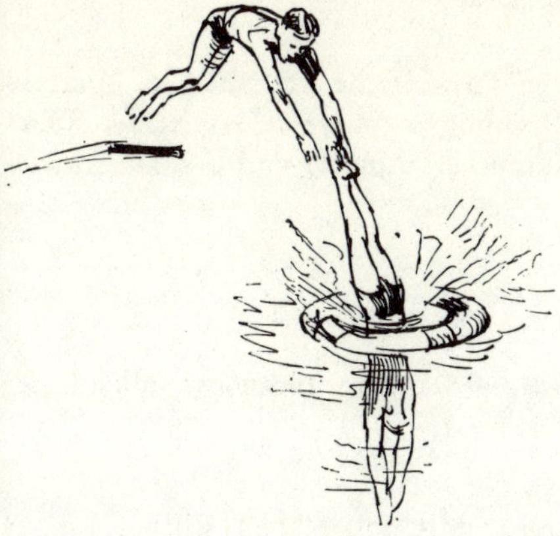

Abb. 34 Durch den schwimmenden Rettungsring

Abb. 35 Mit Anlauf hindurch

Der formgebundene Kopfsprung vorwärts gestreckt

Wir versuchen, den Kopfsprung gestreckt über die Stange zu springen, um die Sprunghöhe langsam zu steigern. Die Arme werden beim Absprung vorhoch und dann zur Seithalte geführt. Kein Hohlkreuz im Fluge. Die Hüfte ist gestreckt, Gesäß und Beinmuskeln sind straff gespannt. Das Eintauchen soll annähernd senkrecht sein *(Abb. 36 und 71).*

Abb. 36 Wir springen hoch über die Stange

7. Abfaller rückwärts

Bei Vorwärtssprüngen haben wir die Wasserfläche rechtzeitig im Blickfeld und können Sprungbewegung und Drehung regulieren. Das ist bei Rückwärtssprüngen erst kurz vor dem Eintauchen möglich und deshalb schwieriger.

Übungsfolge:

Abfaller rückwärts aus dem Sitz.

Arme in Hochhalte. Blick geradeaus. — Langsam rückwärts fallen lassen — die Hüfte zum Eintauchen strecken *(Abb. 37)*.

Abfaller rückwärts aus dem Stand.

Arme in Vorhalte. Kein Hohlkreuz. Mit gestrecktem Körper kippen lassen — Arme hochschwingen. Nicht mit den Füßen abdrücken *(Abb. 38)*.

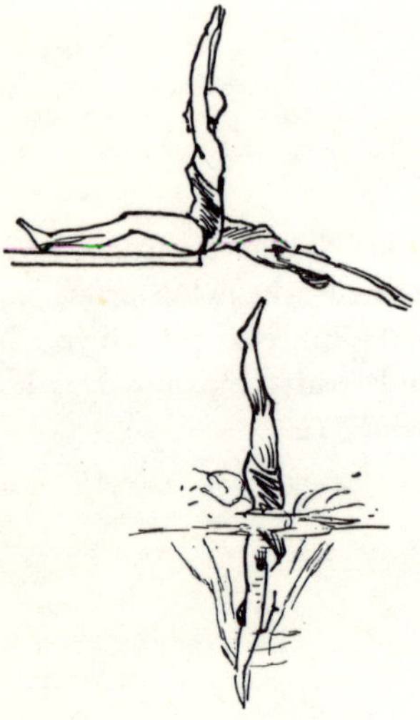

Abb. 37
Abfaller rückwärts aus dem Sitz

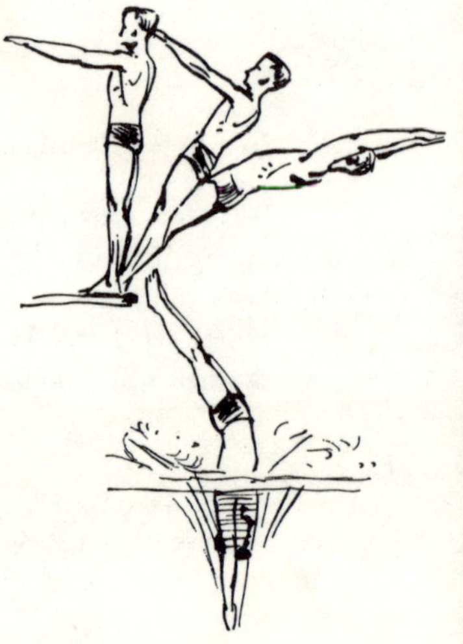

Abb. 38
Abfaller rückwärts aus dem Stand

Kopfsprung rückwärts mit hochgehaltenen Armen.

Stand auf den Fußballen — wenig anfallen lassen — leichter Fußabdruck.

Kopfsprung rückwärts gestreckt.

Stand auf den Fußballen — Absprung mit Armschwung verbinden — gestreckt bleiben. Der Kopf darf erst im Gipfelpunkt der Flugbahn zurückgelegt werden! *(siehe Abb. 75)*.

Methodische Hinweise:

Nur vom Brett, nicht vom Beckenrand üben.

Das senkrechte Eintauchen beim Abfaller rückwärts vom 1-m-Brett gelingt nur mit leichter Hohlkreuzhaltung. Da wir diese Körperhaltung beim Wasserspringen nicht lehren, vermeiden wir sie von vornherein durch den Armschwung aus der Vorhalte.

Anfänger lassen sich beim Kopfsprung zu weit rückwärtskippen und drücken sich zu spät mit den Füßen ab. Der Drehimpuls wird dadurch zu stark und der Sprung überschlägt. Kopfbewegung und Armbewegung können durch Zuruf ausgelöst werden.

8. Salto vorwärts und rückwärts

Drehungen um die Breitenachse sind aus dem Turnunterricht bekannt, sie werden beim Salto vom Brett in der gleichen Weise eingeleitet.

Nach dem Absprung mit etwas Vorlage wird das Kinn auf die Brust gezogen und der Körper eng zusammengerollt. Die Hände fassen die Unterschenkel und ziehen sie an den Rumpf heran.

Übungsfolge:

a) Salto vorwärts aus dem Hockstand.
Langsam vorwärtskippen — mit den Füßen vom Brett abdrücken (!) — bis zum Eintauchen in der Hocke bleiben — erst nach dem Untertauchen wird die Hocke wieder geöffnet *(Abb. 39).*

b) Salto vorwärts aus dem Stand.
Mit etwas Vorlage abspringen — zusammenrollen anfangs in Hockhalte, später gestreckt eintauchen *(Abb. 39 und 40).*

Abb. 39 Salto vorwärts aus dem Hockstand Kräftig abdrücken

Abb. 40 Salto vorwärts aus dem Stand

c) Salto rückwärts aus dem Hockstand.
Langsam rückwärtskippen — Kopf in den Nacken nehmen. In der Hocke bleiben.
1) Drehung bis zum Eintauchen kopfwärts *(Abb. 41)*.
2) Drehung mit Fußabdruck bis zum Salto *(Abb. 42)*.

d) Salto rückwärts aus dem Stand.
Zum Kopfsprung rückwärts abspringen — Beine im Gipfelpunkt der Flugbahn anhocken *(Abb. 43)*; Strecken vor dem Eintauchen.

Methodischer Hinweis:

Die häufigsten Fehler sind: Langsame Drehung und vorzeitiges Strecken. Um Aufschläge zu verhindern, soll die Streckung zum Eintauchen durch Zuruf gesteuert werden.

Abb. 41 Abfaller rückwärts in der Hocke

Abb. 42 Salto rückwärts in der Hocke mit Fußabdruck

Abb. 43 Salto rückwärts aus dem Stand

9. Spielerische Sprungformen

Die folgenden Übungen und Springfiguren sind Spielformen, sie helfen Gewandtheit und Sicherheit zu erhöhen und die Bewegungserfahrungen zu erweitern *(Abb. 44—58)*.

Barrierensprünge
Übungen aus dem Handstand
Paarspringen

Abb. 44 Sprünge über die Barriere

Abb. 45 Handstand-Überschlag

Abb. 46 Handstand-Kopfsprung

Abb. 47 Handstand-Wende

Abb. 48
Sitz-Kopfsprung

Abb. 49 Rad

Abb. 50 Startsprung fußwärts. In Strecklage gleiten

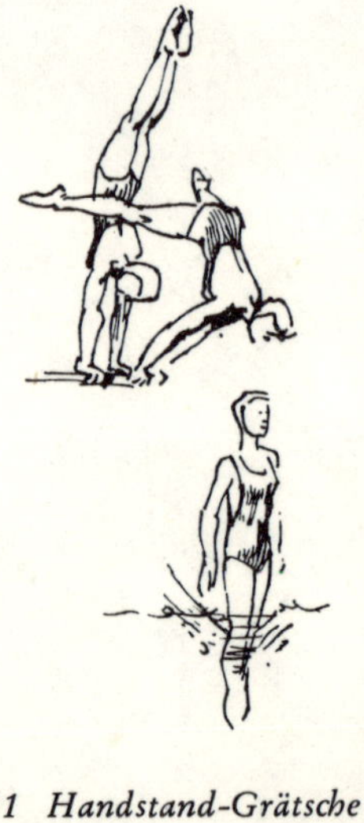

Abb. 51 Handstand-Grätsche

Abb. 52 Handstand-Hocke

Abb. 53 Huckepack

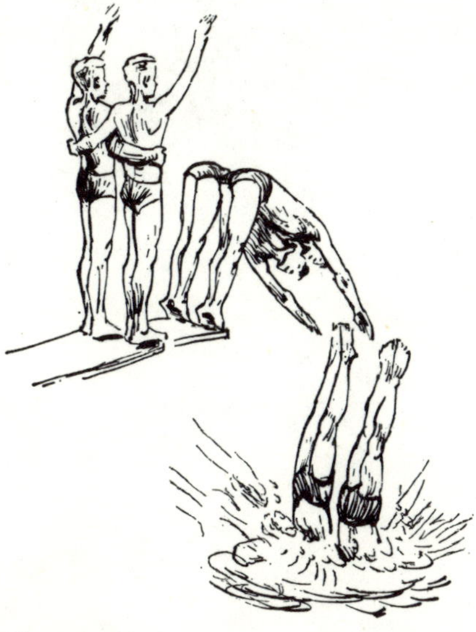

Abb. 54 Abfaller vorwärts zu Zweien

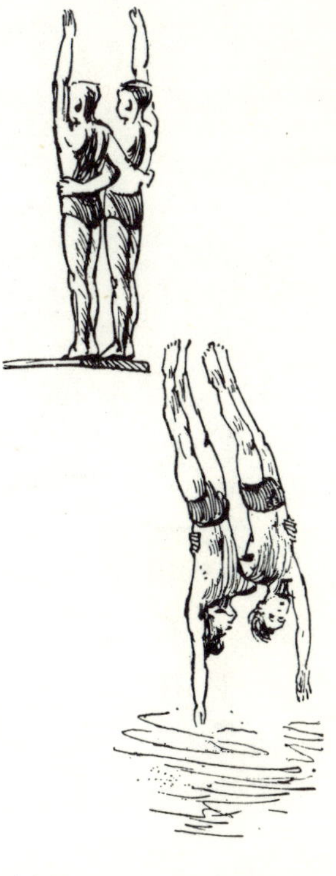

Abb. 55 Abfaller rückwärts zu Zweien

Abb. 56 Abfaller zu Zweien

Abb. 57 Abfaller zu Zweien

Abb. 58 Salto vorwärts zu Zweien

III. LEISTUNGSSTUFE IN DER GRUNDAUSBILDUNG

Feinformung — Gestalten und Festigen der Grundschulsprünge — Korrekturen — Systematisches Üben — Methodische Hinweise —

In dieser Lehrstufe sollen die Grundformen der Sprünge nach sportlichen Maßstäben bis zur sicheren Beherrschung weiterentwickelt werden.

Das ist in der schulischen Ausbildung nur in Neigungsgruppen möglich, weil die Übungszeit im obligatorischen Unterricht dazu nicht ausreicht.

Unser Augenmerk gilt nun der verfeinerten Sprungbewegung, der guten Körperhaltung während des Sprunges und der Stabilisierung der Sprungbewegungen vom Absprung bis zum Eintauchen.

Die wettkampfgerechte Ausführung aller Grundsprünge ist das Ziel dieser Lehrstufe.

Tabelle der Grundsprünge vom 1-m-Brett.

Sprung-Nr.	Sprung	Ausführung	Schwierigkeit
Gruppe I: Vorwärtssprünge			
100	Fußsprung vorwärts	a	1,0
		b	1,2
		c	1,2
101	Kopfsprung vorwärts	a	1,4
		b	1,2
		c	1,2
102	Salto vorwärts	b	1,5
		c	1,4
Gruppe II: Rückwärtssprünge			
200	Fußsprung rückwärts	a	1,1
		b	1,3
		c	1,3
201	Kopfsprung rückwärts	a	1,6
		b	1,6
		c	1,6
202	Salto rückwärts	a	1,7
		b	1,6
		c	1,5

Gruppe III: Auerbachsprünge

301	Auerbachsprung	a	1,7
		b	1,7
		c	1,7
302	Auerbachsalto	c	1,6

Gruppe IV: Delphinsprünge

401	Delphinsprung	a	1,7
		b	1,3
		c	1,2
402	Delphinsalto	c	1,7

Gruppe V: Schraubensprünge

5101	$^1/_2$ Fußsprungschraube vorwärts	a	1,3
		b	1,4
5111	$^1/_2$ Kopfsprungschraube vorwärts	a	1,8
5201	$^1/_2$ Fußsprungschraube rückwärts	a	1,3
		b	1,4
5211	$^1/_2$ Kopfsprungschraube rückwärts	a	1,6

1. Anlauf

Durch den Anlauf wird eine größere Sprunghöhe erreicht und dadurch mehr Zeit für die Sprungausführung und Vorbereitung auf das Eintauchen gewonnen.

Der herkömmliche Begriff „Anlauf“ sollte besser mit „Angehen“ bezeichnet werden, da die Geschwindigkeit der Vorwärtsbewegung auf dem Brett kein „Lauf“ sein darf. Schnelles Anlaufen führt zur weiten Vorlage und zum flüchtigen, unsicheren Absprung.

Abb. 59
Der Aufsatzschritt mit Absprung

Der Springer stellt sich auf dem Brett zum Anlauf bereit. Während der Anlaufschritte hängen die Arme locker herab oder werden wie beim Gehen bewegt. Beim *letzten Schritt vor dem Aufsatz* schwingen beide Arme parallel vorhoch. Gleichzeitig wird das Knie des Schwungbeines hochgezogen. Jetzt folgt der Aufsatz auf die Brettspitze. Durch das Körpergewicht, den Druck mit beiden Beinen und die herabschwingenden Arme wird die Brettspitze herabgedrückt. Sobald sie den tiefsten Punkt erreicht hat, beginnt die Rückfederung und der Absprung.

Die kreisenden Arme schwingen bei gleichzeitigem Abdruck mit geschlossenen Beinen wieder vorhoch. Der Springer löst sich vom Brett und streckt seinen Körper *(Abb. 59)*.

Übungsfolge:

Ausmessen der Anlauflänge, Kontrolle der Anlaufschritte.
Anlauf und Absprung, Zusammenspiel der Absprungbewegungen.
Mehrmaliges Wippen auf der Brettspitze mit folgendem Absprung.

Methodische Hinweise:

Anlaufübungen sind erst dann durchzuführen, wenn die Absprungbewegungen aus dem Stande beherrscht werden. Der Anlaufrhythmus wird zunächst auf dem Boden oder Trockensprungbrett geübt.
Auftretende Fehler beim Anlauf sind in chronologischer Folge des Bewegungsablaufes zu korrigieren.
Mehrmaliges Wippen nach dem Anlauf dient nur zur Verbesserung des Gleichgewichtsgefühls auf der Brettspitze und der Anpassung an die Federung.
Da das Gelingen eines Sprunges zu 90% vom Anlauf und Absprung abhängt, muß er besonders gründlich geübt werden.

Fehler:	Ursache:	Korrekturen:
Absprung hinter der Brettspitze (Brettverschenken)	Wechselnde Schrittlänge und Anlaufgeschwindigkeit	Anlaufmarke neu festlegen, Blick zur Brettspitze bis zum Aufsatz
Verlust des Gleichgewichts beim Aufsatz	Ungleichmäßige Armführung, Verkrampfung im Schultergürtel	Arme locker und parallel führen, nicht zu früh zum Aufsatz herabschwingen.
Weitsprung	Vorlage durch schnellen Anlauf, Hüftbeugen beim Absprung	Langsam angehen, auf die Rückfederung „warten“, Stange vorhalten.

2. Eintauchen

Neben Sprunghöhe und Ausführung der Sprungbewegungen ist das möglichst senkrechte und „spritzerlose Hineinschlüpfen“ in das Wasser ein wichtiger Wertungsfaktor. Jeder Sprung wird vom Anlauf bis zum völligen Untertauchen des Körpers beurteilt.

Beim Eintauchen ist der Widerstand des Wassers zu überwinden. Das gelingt am besten, wenn der Körper völlig gestreckt ist. Jede Beugung in Arm-, Hüft-, Knie- oder Fußgelenk erschwert das spritzerlose Eintauchen. Deshalb müssen alle Muskeln vor dem Eintauchen und bis zum Beckengrund angespannt sein. Der Körper bildet von den Händen bis zu den Fußspitzen eine gerade Linie. Die Arme werden im letzten Drittel der Flugbahn langsam zusammengeführt, die Oberarme pressen gegen die Ohren, die Hände sind geschlossen (Daumengabel).

Der Blick wird über die Fingerspitzen auf den Eintauchpunkt gerichtet, der Kopf taucht mit der Stirn ins Wasser. Während des Fluges bleiben die Augen geöffnet, sie werden geschlossen, wenn die Hände das Wasser berühren.

Die richtige Tauchtechnik verlangt das Durchtauchen bis zum Beckengrund mit gestrecktem Körper in Richtung der verlängerten Flugbahn. Dadurch bildet sich ein Sog, der das Aufspritzen des Wassers verringert *(Abb. 60)*.

Abb. 60 Eintauchen bis zum Beckengrund

Übungsfolge:

Abfaller vorwärts aus der tiefen Rumpfbeuge
Abfaller vorwärts aus dem Sitz
Abfaller rückwärts aus dem Stand
Tauchübungen nach Fuß- und Kopfsprüngen

Methodische Hinweise:

Wir wiederholen die bereits bekannten Vorübungen für den Kopfsprung und beginnen jede Übungsstunde mit Tauchübungen.
Der Beobachtungsschwerpunkt liegt auf der Eintauchhaltung.

Häufige Fehler:

Lockere Beinhaltung, gebeugte Knie,
Hohlkreuz,
Abknicken (Beugen) der Hüfte.

3. Fußsprünge vorwärts und rückwärts

Nach dem Absprung schwingen die Arme vorhoch und dann in die Seithochhalte, dort verharren sie einen Augenblick mit deutlich sichtbarer Pause, bevor sie im absteigenden Ast der Flugbahn wieder an die Oberschenkel gelegt werden. Der Blick ist im Fluge geradeaus gerichtet. Bis zum Eintauchen bleibt der Körper völlig gestreckt *(Abb. 61)*.

Beim Fußsprung rückwärts drückt man die Beine nach dem Absprung leicht rückwärts. Die gestreckten Arme sind vor dem Rumpf herunterzuführen und vor dem Eintauchen an die Oberschenkel zu legen *(Abb. 62)*.

Methodische Hinweise:

Die Hüftstreckung nach dem Absprung ist besonders zu beachten. Als Vorübung empfiehlt sich auch das Eintauchen mit hochgehaltenen Armen.
Mit der Stange können Sprungweite (1 m) und Sprunghöhe angezeigt werden.

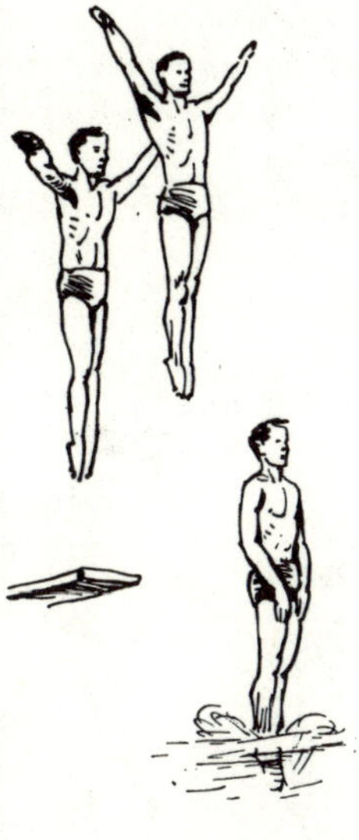

*Abb. 61 Fußsprung vorwärts (a)**

Abb. 62 Fußsprung rückwärts (a)

* Bei der Sprungausführung unterscheidet man: a = gestreckt, b = gehechtet, c = gehockt.

Fehler:	Ursache:	Korrektur:
a) vorwärts:		
Unruhige, kreisende Armbewegungen nach dem Absprung	Verlust des Gleichgewichts	Arme hoch — Pause — Arme anlegen
Weitsprung	Hüftbeugen beim Absprung, Vorlage des Oberkörpers	Hüfte strecken, Brust anheben, Hilfsmittel: Stange
b) rückwärts:		
Weitsprung	Zuviel Rücklage des Oberkörpers vor dem Absprung	Nicht „anfallen" lassen
Hüftbeugen beim Absprung	Brettangst	Brettfederung abwarten, Hüfte vordrücken, Beine leicht zurückdrücken

Fußsprünge vorwärts und rückwärts (c)

Nach dem Absprung hockt der Springer die Beine an, umfaßt die Unterschenkel etwa handbreit unter den Knien und zieht sie eng an den Rumpf heran.

Vor dem Eintauchen streckt er zuerst die Beine vorwärts-abwärts (über die Hechte) und dann die Hüfte.

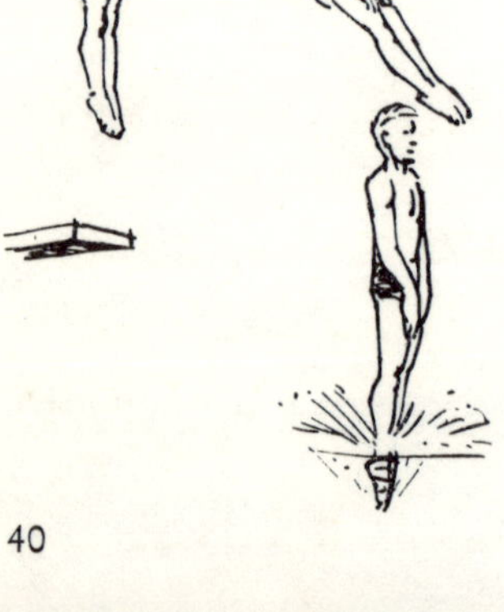

Abb. 63
Fußsprung vorwärts (c)

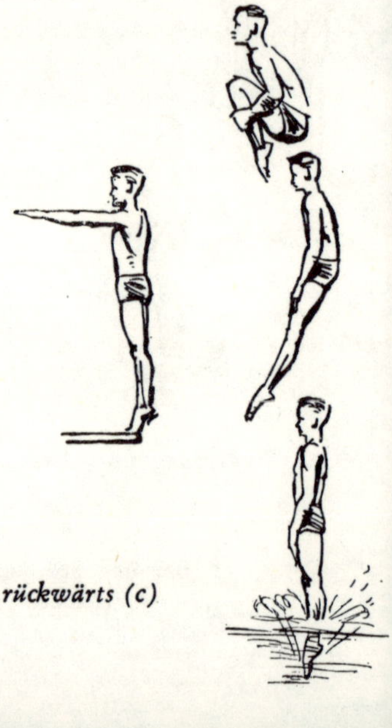

Abb. 64
Fußsprung rückwärts (c)

Die Hände gleiten beim Strecken an den Oberschenkeln entlang und werden beim Eintauchen angelegt. Knie und Füße sind während des Fluges geschlossen *(Abb. 63 und 64)*.

Übungsfolge:

Hocksprünge auf dem Boden und vom Absprung-Trampolin
Fußsprung mit Hocken ohne Fassen der Unterschenkel
Fußsprung vorwärts (c) aus dem Stand und mit Anlauf
Fußsprung rückwärts (c).

Methodische Hinweise:

Dem Hocken muß die volle Streckung beim Absprung vorausgehen. Die Arme sind nur bis zur Vorhochhalte zu heben, damit die Hocke schneller eingenommen werden kann.

Fehler:	Ursachen:	Korrektur:
Offene Hocke	Verlust des Gleichgewichts	Absprung a wiederholen, Knie zur Brust heranziehen
Ungenügende Streckung beim Eintauchen	Verspätete Hocke	Schneller hocken, schneller strecken
Arme nicht angelegt	Korrektur des Gleichgewichts beim Tauchen	Vor- oder Rücklage beim Absprung vermeiden. Fußsprung a wiederholen

Fußsprünge vorwärts und rückwärts (b)

Der Fußhechtsprung erfordert viel Gleichgewichtsgefühl. In der Hechtphase sollen die Hände auf die Fußspitzen tippen. Die Beine bleiben während der Sprungbewegung gestreckt. Vor dem Eintauchen sind die Arme wieder an die Oberschenkel zu legen *(Abb. 65 und 66)*.

Übungsfolge:

Fußhechtsprünge auf dem Boden und vom Absprungtrampolin
Fußhechtsprünge vorwärts vom 1-m-Brett aus dem Stand mit zunehmend engeren Hechtbewegungen
Fußhechtsprung vorwärts aus dem Stand und mit Anlauf
Fußhechtsprung rückwärts

Methodische Hinweise:

Dem Hechten geht der gestreckte Absprung voraus. Beim Strecken wird die Hüfte vorwärtsgedrückt. Die Hechtphase wird erst nach und nach ausgeprägter geübt.

Fehler:	Ursache:	Korrektur:
Flüchtiges, offenes Hechten	Unsicherer Absprung	Fußsprung gestreckt wiederholen
Rücklage beim Eintauchen	Beine zu hoch in die Hechte geführt	Oberkörper beim Hechten mehr vorlegen
Überschlagenes Eintauchen	**Vorlage des Oberkörpers beim Absprung**	Oberkörper beim Absprung mehr aufrichten Früher strecken

Abb. 65 Fußsprung vorwärts (b)

Abb. 66 Fußsprung rückwärts (b)

Halbe Fußsprungschrauben

Schrauben sind Drehungen um die Längenachse des Körpers.

Wir unterscheiden verschiedene Ausführungsarten:

a) Der Drehimpuls wird beim Absprung mit den Füßen vom Brett gegeben. Die Arme bleiben während der Drehung in Hochseithalte und werden vor dem Eintauchen an die Oberschenkel gelegt. Der Kopf wird nicht in die Drehrichtung gewendet *(Abb. 67)*.

b) Der Schraubenimpuls geschieht durch Rumpf- und Armbewegungen nach dem Verlassen des Brettes
Der Übende springt zum gestreckten Fußsprung (vorwärts oder rückwärts) ab und beginnt mit dem Schrauben kurz vor dem Gipfelpunkt mit Schulter, Kopf und Armen *(Abb. 67 a)*.
Die linke Schulter wird zurückgezogen, der Kopf nach links gewendet und der linke Arm hochgeführt. Der rechte Arm schwingt herunter und wird gebeugt an den Rumpf gezogen. Nach der halben Schraube führt man

beide Arme zur Seithalte und legt sie vor dem Eintauchen gestreckt an die Oberschenkel.

c) Beide Arme werden beim Absprung in die Hochhalte geschwungen. Darauf folgt eine schnelle Abwärtsbewegung des gestreckten linken Armes bis zum Oberschenkel. Die Armbewegung wird am Oberschenkel vorbei bis zur Hochhalte kreisförmig weitergeführt und die linke Schulter zurückgezogen. Der Drehimpuls wird durch das Herabschwingen des linken Armes ausgelöst. Der Kopf bleibt während der Schraubendrehung in seiner normalen Stellung, er wird nicht in die Drehrichtung gewendet. Vor dem Eintauchen sind die Arme wieder parallel herunterzunehmen und anzulegen *(Abb. 68)*.

Abb. 67
1/2 Fußsprungschraube vorwärts (a)

Abb. 67 a
1/2 Fußsprungschraube rückwärts (a)

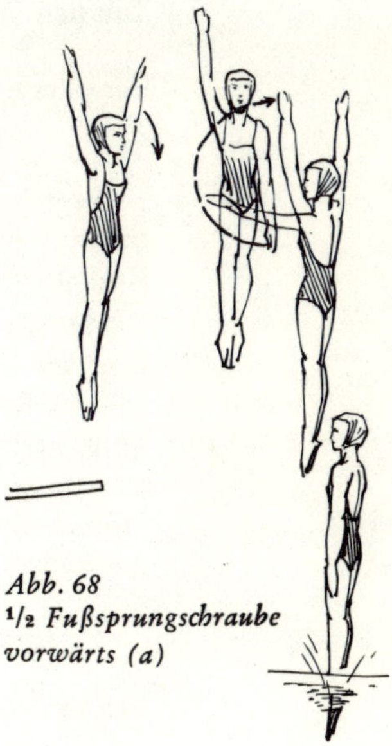

Abb. 68
1/2 Fußsprungschraube vorwärts (a)

Übungsfolge

1/2 Schraube vorwärts aus dem Stand;
dgl. mit Anlauf;
1/2 Schraube rückwärts.

Beim Üben kommt es zunächst nicht auf die vollständige Schraubendrehung um 180° an, sondern auf die wirkungsvolle Schulter- und Armbewegung.

4. Kopfsprung vorwärts (b)

Den gehechteten Kopfsprung vorwärts lehren wir deshalb zuerst, weil das aus der Hechthalte leichter ist als aus der Hockhalte.

Nach dem steilen Absprung wird die Hüfte gebeugt, der Kopf bleibt in seiner normalen Haltung, der Blick ist auf die Eintauchstelle gerichtet.

Die Fingerspitzen tippen auf die Fußriste. Im absteigenden Ast der Flugbahn folgt die Hüftstreckung und das Zusammenführen der Arme zur Eintauchhaltung *(Abb. 69)*.

Übungsfolge:

Fußsprung (a) wiederholen
Kopfsprung (b) aus dem Stande und mit Anlauf

Methodische Hinweise:

Fehler:	Ursache:	Korrektur:
Überschlagenes Eintauchen	Zuviel Vorlage, Hechte zu spät geöffnet	Steil abspringen, Schneller strecken, Blick zum Eintauchpunkt
Hohlkreuz beim Tauchen	Überstreckt	Vorlage verringern, Beine beim Strecken vorwärtsdrücken
Verspätete Streckung	Hüfte zu langsam angehoben	Mehr Abdruck vom Brett, schnelleres Hochziehen der Hüfte nach dem Absprung

Kopfsprung vorwärts (c)

Je enger der Körper zusammengerollt ist, um so mehr wird die Drehung beschleunigt. Die Vorlage beim Absprung muß deshalb geringer sein als beim gehechteten Kopfsprung. In der Hockhalte sind die Knie eng an den Brustkorb herangezogen, der Blick wird auf die Eintauchstelle gerichtet. Die Streckung zum Eintauchen beginnt zuerst mit den Beinen, dann folgt die Hüftstreckung. Gleichzeitig werden die Arme langsam in die Eintauchhaltung genommen *(Abb. 70)*.

Abb. 69
Kopfsprung
vorwärts (b)

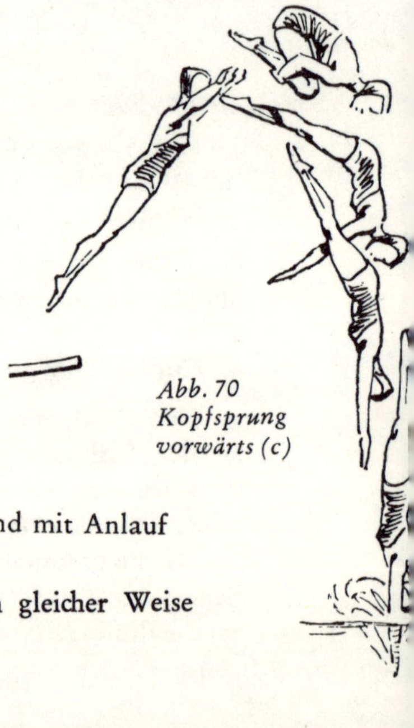

Abb. 70
Kopfsprung
vorwärts (c)

Übungsfolge:

Wiederholung des Fußsprunges (c)
Kopfsprung vorwärts (c) aus dem Stand und mit Anlauf

Methodische Hinweise:

Das Strecken aus der Hocke geschieht (in gleicher Weise wie beim Fußsprung c) über die Hechte.

Fehler:	Ursache:	Korrektur:
Flüchtige, offene Hocke	Vorlage, Hände fassen die Unterschenkel nicht	Steiler abspringen, Beine zum Brustkorb heranziehen
Überschlagen:	Vorlage, Rückwärtsstreckung der Beine aus der Hocke	Steiler abspringen, über die Hechte strecken

Kopfsprung vorwärts (a)

Die Schwierigkeit dieses Sprunges besteht in der völlig gestreckten Haltung vom Absprung bis zum Eintauchen. Die Arme schwingen vorhoch und werden bis zur Seithalte zurückgeführt. Der Drehimpuls muß bereits beim Absprung durch das betonte Zurückdrücken der Beine gegeben werden. (Anfänger korrigieren die ungenügende Drehung durch Hüftbeugen.)

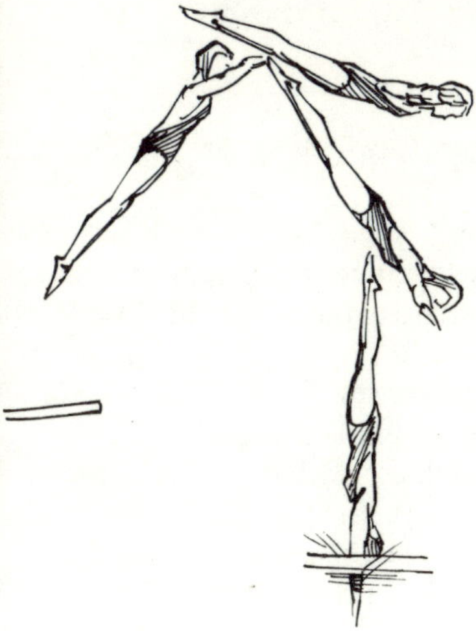

Abb. 71 Kopfsprung vorwärts (a)

Gesäß- und Beinmuskeln sind im Fluge und beim Eintauchen straff gespannt, der Schultergürtel bleibt locker.

Im letzten Drittel der Flugbahn sind die Arme langsam über dem Kopf zu schließen *(Abb. 71)*.

Methodische Hinweise:
Schwerpunkte unserer Beobachtung sind:

Gestreckte Hüfte vom Absprung bis zum Eintauchen, Sprunghöhe und Armführung, kein Hohlkreuz.

Fehler:	Ursache:	Korrektur:
Flaches Eintauchen	Drehimpuls fehlt	Mehr Abdruck vom Brett, Rückwärtsdrücken der gestreckten Beine, Stange verwenden
Überschlagen:	Vorlage	Steiler abspringen, Kopf hoch
Hüftbeugen:	Drehimpuls zu gering	Beine beim Absprung rückwärtsdrücken

Delphinsprung (c)

Delphinsprung und Kopfsprung vorwärts sind durch gleiche Sprungbewegung und Drehrichtung miteinander verwandt, deshalb lehren wir beide Sprünge nacheinander. Wir üben den Sprung zuerst gehockt und später gehechtet, weil die Hocke eine schnellere Vorwärtsdrehung bewirkt.

Anfänger fürchten die Brettberührung nach dem Absprung, springen deshalb zu weit und hemmen dadurch die Vorwärtsdrehung.

Durch betontes Hochdrücken und Beugen der Hüfte wird die Vorwärtsdrehung eingeleitet. Die Hände ziehen die Unterschenkel eng zur Hocke an den Rumpf heran *(Abb. 73)*. Mit dem Blick auf den Eintauchpunkt folgt die Streckung.

Übungsfolge:

Delphinfußsprung
Absprung, Eintauchen in der Hockhalte
Delphinsprung (c)

Methodische Hinweise:

Wir wiederholen Fußsprünge rückwärts zur Gewöhnung an die geringe Sprungweite.

Als Vorübung hilft der „Delphinfußsprung" *(Abb. 72)*. Damit erreicht man das richtige Gefühl für die Vorwärtsdrehung nach dem Absprung rückwärts und den notwendigen Abstand zur Brettspitze. Sobald diese Vorlage gelingt, werden die Beine angehockt. Der Springer soll so lange in der Hockhalte eintauchen, bis die Drehgeschwindigkeit zur Streckung zum Eintauchen ausreicht. Auf diese Weise vermeiden wir „Bauchlandungen".

Eine der wenigen sinnvollen „direkten" Hilfen für Anfänger beschreibt U. Ludwig in seinem Lehrbuch. Sie besteht darin, die Delphindrehung durch Zufassen zu beschleunigen und den Übenden zugleich von der Brettspitze wegzuschieben*.

Die Praxis zeigt jedoch, daß Delphinübungen kaum zur Brettberührung nach dem Absprung führen, wenn der Delphinfußsprung vorher hinreichend geübt wurde.

Nach Ludwig steht der Übende bei den ersten Versuchen rückwärts in tiefer Rumpfbeuge mit gebeugten Knien auf der Brettspitze. Die Arme hängen locker herab. Der Übungsleiter faßt die Hüfte mit beiden Händen, verstärkt die Drehung zum Kopfwärtseintauchen und schiebt den Springer, falls notwendig, so weit zurück, daß er das Brett nicht mehr berühren kann.

Abb. 72
Delphinfußsprung

* Siehe U. Ludwig:
Wasserspringen — gelernt — gekonnt. Celle: Pohlverlag, 1971.

Fehler:	Ursache:	Korrektur:
Weitsprung	Rücklage des Oberkörpers beim Absprung	Langsam Schwungholen, nicht „anfallen“, Oberkörper mehr vorlegen
Hüftbeugen während des Absprungs	Fehlender Abdruck, vorzeitiges Verlassen des Brettes	Brettfederung voll ausnutzen, gestreckt abspringen, dann hocken

Delphinsprung (b)

Wir üben diesen Sprung erst dann gehechtet, wenn er gehockt beherrscht wird. Der Drehimpuls muß beim gehechteten Delphinsprung etwas stärker sein *(Abb. 74)*. Die Sprungbewegungen sind die gleichen wie beim Kopfsprung vorwärts (b).

Abb. 73 Delphinsprung (c)

Abb. 73 a

Abb. 74 Delphinsprung (b)

Übungsfolge:
Delphinsprung (c)
Delphinsprung (b)

Methodische Hinweise:

Fehler:	Ursache:	Korrektur:
Ungenügende Vorwärtsdrehung und flaches Eintauchen	Rücklage des Oberkörpers b. Absprung, offene Hechte	Hüfte schneller heben, nicht „anfallen“

Kopfsprung rückwärts (a)

Die Rückwärtsdrehung erreicht man durch leichte Rücklage beim Absprung und Vorwärtsdrücken der Hüfte und Beine. Erst im Gipfelpunkt wird der Kopf in den Nacken genommen. Vor dem Eintauchen sind die Arme wieder zu schließen *(Abb. 75)*.

Abb. 75 Kopfsprung rückwärts (a)

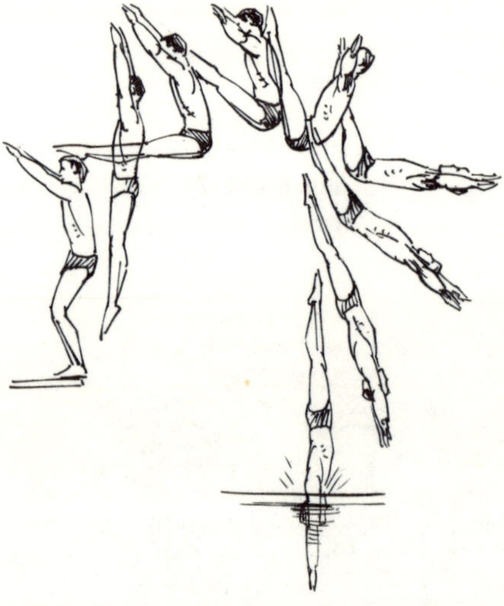

Abb. 76 Kopfsprung rückwärts (c)

Übungsfolge:

Abfaller rückwärts aus dem Stand
Kopfsprung rückwärts (a) mit hochgehaltenen Armen
Kopfsprung rückwärts (a)

Methodische Hinweise:

Fehler:	Ursache:	Korrektur:
Überschlagenes Eintauchen	Kopf und Arme ziehen zu stark in die Drehung	Kopf erst im Gipfelpunkt zurückziehen. Kein Hohlkreuz beim Absprung
Weitsprung	Zuviel Rücklage beim Absprung	Wie oben! Nicht „anfallen“
Schraubendrehung	Ungleichmäßige Armführung, Seitwärtsdrehen des Kopfes	Kopf nicht wenden, Arme über die Hochhalte zur Seithalte führen

Kopfsprung rückwärts (b)

Nach dem Absprung werden die Beine hochgeführt und die Hüften gebeugt. Die Hände tippen im Gipfelpunkt der Flugbahn auf die über Kopfhöhe gehobenen Füße. Zu diesem Zeitpunkt ist der Blick noch auf die Füße gerichtet.

Die folgende Streckung beginnt zuerst in der Hüfte, der Kopf wird in den Nacken gelegt. Die Arme sind langsam und seitwärts vom Rumpf in die Eintauchhaltung zu nehmen *(Abb. 76)*. Der Blick ist auf die Eintauchstelle gerichtet.

Übungsfolge:

Kopfsprung rückwärts (a)
Kopfsprüng rückwärts (b)

Methodische Hinweise:

Fehler:	Ursache:	Korrektur:
Überschlagenes Eintauchen	Ruckhafte und vorzeitige Kopfbewegung, Beine zu hoch gehoben	Blick beim Hechten auf die Füße richten, kein Hohlkreuz beim Absprung
Weitsprung	Rücklage	Nicht „anfallen", kein Hohlkreuz, auf die Brettfederung warten

Abb. 77 Kopfsprung rückwärts (c)

Kopfsprung rückwärts (c)

Der Blick ist bis zum Hocken auf die hintere Brettspitze gerichtet. Beine und Hüfte werden nacheinander gestreckt. Im übrigen ist der Bewegungsablauf der gleiche wie beim gehechteten Kopfsprung rückwärts *(Abb. 77)*.

Auerbachsprung

Der Auerbachsprung — benannt nach seinem Erfinder — ist durch die Sprungrichtung vorwärts und die Körperdrehung rückwärts gekennzeichnet.

Die Sprungbewegungen sind identisch mit den Kopfsprüngen rückwärts, da die Bewegungsabläufe und Drehungen gleichartig sind. Wer den Kopfsprung rückwärts beherrscht, erfüllt die Voraussetzungen für den Auerbachsprung.

Die Rückwärtsdrehung nach dem Absprung wird durch das Vorhochheben der Beine erreicht, der notwendige Abstand von der Brettspitze durch geringe Vorlage.

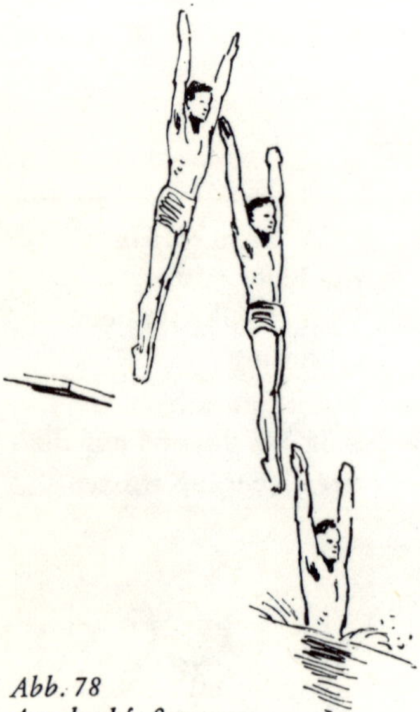

Abb. 78 Auerbachfußsprung (Vorübung)

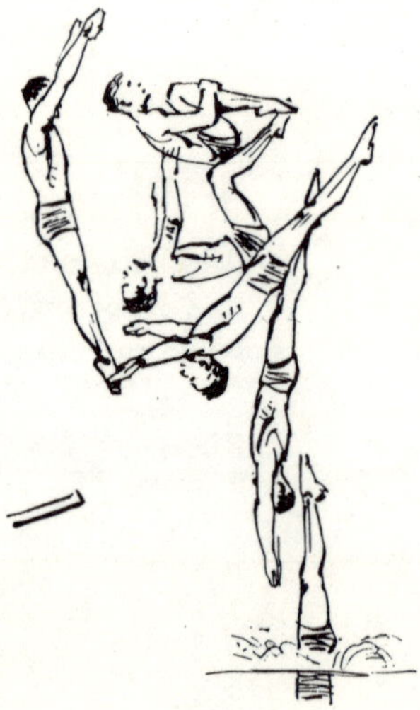

Abb. 79 Auerbachsprung (c)

Abb. 80 Auerbachsprung (b)

Auerbachsprünge übt man in der Reihenfolge c, b, a aus dem Stand und mit Anlauf *(Abb. 78—81)*.

Übungsfolge:

Auerbachfußsprung
Auerbachsprung (c)
Auerbachsprung (b)
Auerbachsprung (a)
Auerbachsprünge mit Anlauf

Methodische Hinweise:

Die Schwierigkeit liegt in der richtig bemessenen Rückwärtsdrehung. Anfänger legen sich beim Absprung zu weit vor, verringern dadurch die Drehung, und tauchen nicht kopfwärts ins Wasser, sondern fallen auf den Rücken. Der Aufschlag kann vermieden werden, wenn der Springer bei seinen ersten Versuchen bis zum Eintauchen in der Hockhalte bleibt und erst auf Zuruf des Übungsleiters streckt.

Außerdem kann in gleicher Weise direkt vom Übungleiter in den Bewegungslauf eingegriffen werden wie bei den Delphinvorübungen. Der Übungsleiter faßt auf die Schulter des Übenden, kann dessen Drehgeschwindigkeit und den Abstand vom Brett regulieren.

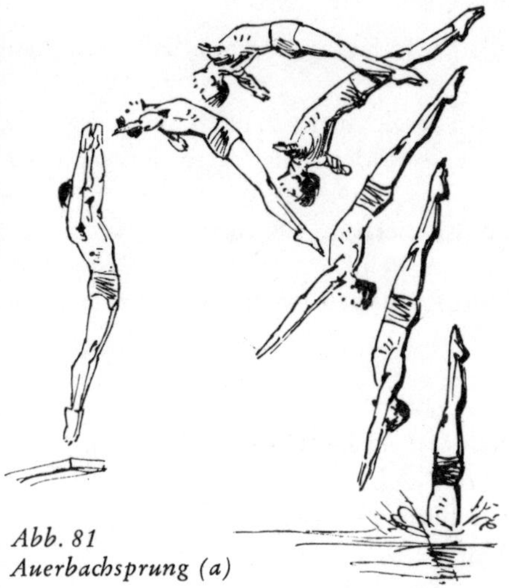

Abb. 81
Auerbachsprung (a)

Folgende Lehrwege haben sich in der Praxis bewährt:

1. Der Übungsleiter hält eine Stange etwa 1 m vor die Brettspitze und in Kopfhöhe des Springers.

   Der Springer soll ein Bein (und später beide Beine) zur Stange bringen und sie mit den Füßen berühren. Die dadurch hervorgerufene Rückwärtsdrehung des Körpers wird durch das folgende Hocken noch verstärkt. Der Kopf wird erst im Gipfelpunkt der Flugbahn in den Nacken genommen. Bei ausreichender Drehung wird die Streckung zum Eintauchen auf Zuruf des Übungsleiters ausgelöst.

2. Der Übende springt mit Anlauf, nimmt das Schwungbein beim Absprung vorhoch und zieht das andere Bein vor dem Eintauchen nach.

   Mit der Feinformung der Sprungbewegungen beginnen wir, wenn Sprungweite, Drehung und Streckung in der Grobform vorhanden sind. Der aus den Abbildungen ersichtliche Bewegungsablauf ist in der Reihenfolge — Absprung — Sprungbewegung — Eintauchhaltung — zu korrigieren. Erfahrungsgemäß werden die meisten Bewe-

Abb. 82 Das beste Hilfsmittel für den Anfänger

gungs- und Haltungsfehler durch fehlerhafte Sprungweite hervorrufen, ihm gilt deshalb zuerst unsere Aufmerksamkeit.

Fehler:	Ursache:	Korrektur:
Flaches Eintauchen	Zuviel Vorlage, dadurch geringe Drehgeschwindigkeit	Stange vorhalten. Beine höher heben

5. Salti

Salto (c)

Zur Grundausbildung gehören die einfachen gehockten Salti aus den 4 Sprunggruppen.

Salti vorwärts und rückwärts wurden bereits in der 2. Lehr- und Lernstufe mit entsprechenden Vorübungen bis zur Grobform gelehrt, so daß jetzt die Feinform herausgebildet werden muß.

Delphin- und Auerbachsalto sind schwieriger, sie werden erst in der Leistungsstufe von der Grobform bis zur Feinform geübt. Voraussetzung für das Erlernen der Salti in allen Sprunggruppen ist die Beherrschung der entsprechenden Kopfsprünge.

Salto vorwärts (c)

Die Bewegungsfolge beim Salto vorwärts verläuft wie folgt:
Absprung und Hochführen der Arme *(Abb. 83)*,
Hüften hochziehen, wenn die Füße das Brett verlassen.
Kopf zur Brust — Beine hocken — Unterschenkel fassen.
Streckung der Beine über die Hechte.
Kopf hoch — Hüftstreckung.
Eintauchen mit angelegten Armen bis zum Beckengrund.

Übungsfolge:

Kopfsprung vorwärts wiederholen
Salto vorwärts c aus dem Stand
Salto vorwärts mit Anlauf

Methodische Hinweise:

Die Vorwärtsdrehung wird bereits beim Absprung und nicht erst im Gipfelpunkt der Flugbahn eingeleitet. Kopfbewegung und Hocken beschleunigen die Drehung.
Alle Vorwärtssprünge sind über die Hechte zu strecken, dabei folgen Bein- und Hüftstreckung nacheinander.
Sprunghöhe und -weite können durch den Sprung über die Stange am besten reguliert werden.

Fehler:	Ursache:	Korrektur:
Drehung zu langsam	Offene Hocke, flüchtiger Absprung	Hüfte hoch, Kopf anziehen, enge Hocke
Überschlagen	Verspätete Streckung, Vorlage	Steiler abspringen, Strecken auf Zuruf

Salto rückwärts (c)

Die Absprungbewegung ist die gleiche wie beim Kopfsprung rückwärts. Beim Hochführen der Arme wird der Kopf etwas früher in den Nacken genommen. Noch vor dem Gipfelpunkt werden die Beine gehockt und die Unterschenkel gefaßt. Die Streckung zum Eintauchen beginnt, wenn der Springer das Wasser wieder im Blickfeld hat *(Abb. 84)*.

Abb. 83 Salto vorwärts (c)

Abb. 84 Salto rückwärts (c)

Rückwärtsdrehungen sind nicht über die Hechte, sondern direkt in Richtung der Körperlängsachse zu strecken.

Die einzelnen Phasen:

Absprung und Vorhochführen der Arme.
Kopf in den Nacken.
Beine hocken und fassen.
Gleichzeitiges Strecken der Hüfte und Beine.
Eintauchen mit angelegten Armen.

Übungsfolge:

Kopfsprung rückwärts (a) wiederholen
Salto rückwärts (c) — Streckung auf Zuruf
Salto rückwärts (c)

Methodische Hinweise:

Fehler:	Ursache:	Korrektur:
Weitsprung	Zuviel Rücklage beim Absprung, „Anfallen“ beim Schwungholen	Kopfsprung wiederholen, langsam Schwungholen, auf die Federung warten
Offene Hocke	Zuviel Drehung	Später hocken, früher strecken, kein Hohlkreuz

Delphinsalto (c)

Delphinsalto und Salto vorwärts haben die gleiche Drehrichtung vorwärts, sie unterscheiden sich nur durch die Absprungstellung. Der Springer muß durch geringe Rücklage den notwendigen Abstand vom Brett gewinnen, aber schneller vorwärtsdrehen. Das ist nur möglich, wenn Hüft-, Hock- und Kopfbewegung rasch ausgeführt werden. Die Streckung geschieht wieder, wie bei allen Vorwärtssprüngen (c), über die Hechte *(Abb. 85).*

Abb. 85 Delphinsalto

Übungsfolge:
Delphinkopfsprung wiederholen
Delphinsalto (c) — Eintauchen in der Hocke
Delphinsalto (c) — Strecken auf Zuruf

Methodische Hinweise:
Der Hauptfehler ist die weite Rücklage beim Absprung. Je größer die Rücklage, um so langsamer die Drehung. Dem Anfänger muß die „Brettangst“ durch häufige Wiederholung des Delphinkopfsprungs genommen werden.

Bei den ersten Saltoversuchen verzichten wir auf die Streckung und bleiben bis zum Eintauchen in der Hocke. Sobald die Drehung ausreicht, wird auf Zuruf gestreckt.

Fehler:	Ursache:	Korrektur:
Drehung zu langsam	Zu viel Rücklage des Oberkörpers, flüchtiger Absprung, offene Hocke	Nicht „anfallen“, Hüfte schnell hochziehen, Brettfederung voll ausnützen
Weitsprung	Rücklage beim Absprung	Kopfsprung wiederholen. Erst abspringen, dann Hüfte beugen

Auerbachsalto (c)

Der Auerbachsalto ist mit dem Salto rückwärts verwandt. Wenn der Übende den Auerbachkopfsprung beherrscht, gelingt der Salto auf Anhieb. Brettabstand und Drehrichtung sind bereits erprobt. Der Kopf muß etwas schneller zurückgenommen und die Hocke kurz vor dem Gipfelpunkt eingeleitet werden, um die Drehung zu beschleunigen *(Abb. 86)*.

Abb. 86 Auerbachsalto

Abb. 86 a
Direkte Hilfe durch den Übungsleiter.*

Übungsfolge:

Auerbachsprung (c) wiederholen
Auerbachsalto (c) — Eintauchen in der Hockhalte
Auerbachsalto (c) aus dem Stand und mit Anlauf

Methodische Hinweise:

Als Vorstufe für den Salto wiederholen wir den Auerbach-Kopfsprung, damit die wichtigsten Phasen der Auerbachdrehung zu überprüfen.
Durch das Eintauchen in der Hocke beugen wir dem Aufschlag bei mißglückten Versuchen vor. Später Strecken auf Zuruf.

* Siehe U. Ludwig, a. a. O.

Fehler:	Ursache:	Korrektur:
Weitsprung	Vorlage zu groß	Kopfsprung wiederholen. Stange verwenden
Langsame Drehung	Weitsprung, offene Hocke	Beine zur Stange, enge Hocke
Überschlagen	Verspätete Streckung	Auf Zuruf strecken

6. Schraubensprünge

Kopfsprung vorwärts mit halber Schraube

Die halbe Schraube vorwärts — eine Kombination von Drehungen um die Längs- und Breitenachse des Körpers — ist der schwierigste Sprung in der Grundausbildung. Von den verschiedenen Ausführungsarten, die sich durch Armführung und zeitlichen Verlauf der Schraubendrehung während des Fluges voneinander unterscheiden, wird für Anfänger empfohlen:

a) nicht mit der Schraube beginnen, bevor sich die Füße vom Brett gelöst haben,

b) gleichmäßige Schraubendrehung vom Absprung bis zum Eintauchen.

Nach dem Absprung wird zunächst die Kopfsprunghaltung (Arme in Seithalte) eingenommen. Noch vor dem Gipfelpunkt der Flugbahn ist der führende (linke) Arm betont vorwärts, die rechte Schulter leicht rückwärts zu führen. Im Gipfelpunkt soll eine Viertelschraubendrehung erreicht werden, im abfallenden Ast der Flugbahn folgt die weitere Drehung bis zur halben Schraube, mit dem Blick auf die Eintauchstelle *(Abb. 86).*

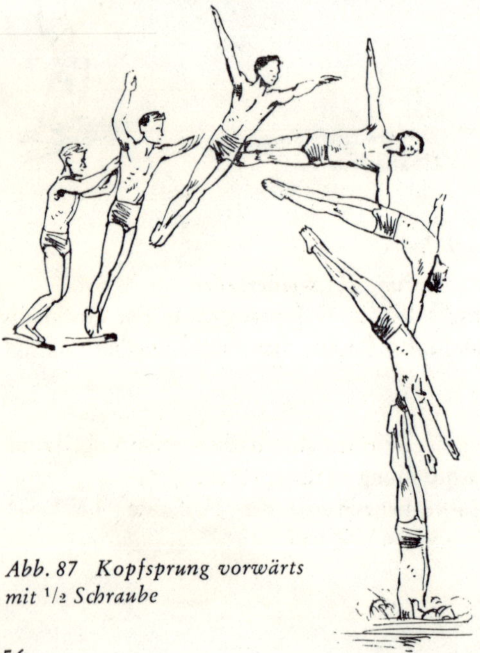

Abb. 87 Kopfsprung vorwärts mit 1/2 Schraube

Übungsfolge:

Abfaller mit 1/4 bis 1/2 Schraube
1/4 bis 1/2 Schraube aus dem Stand
Kopfsprung mit 1/2 Schraube mit Anlauf.

Methodische Hinweise:

Die richtige Bewegungsführung ist am besten zu erlernen, wenn die Drehung bis zu halben Schraube nur nach und nach vergrößert wird. Die Schraubendrehung soll erst beginnen, wenn der Springer das Brett zum Kopfsprung vorwärts verlassen hat.

Fehler:	Ursache:	Korrektur:
Flaches Eintauchen	Ungenügende Drehung zum Kopfsprung	Erst Kopfsprung ansetzen, dann schrauben
Vorzeitige Schraubendrehung	Flüchtiger Absprung, Drehung vom Brett	Brettfederung ausnützen, erst nach dem Absprung schrauben
Überschlagen	Sprunghöhe fehlt, Weitsprung	Steiler abspringen, kein Hohlkreuz.
Zuviel Schraubendrehung	Drehimpuls zu früh und zu stark, ruckhafte Armbewegungen	Lockere Armführung, langsameren Drehimpuls zur Schraube

Kopfsprung rückwärts mit halber Schraube

Grundlage für die halbe Schraube ist der Kopfsprung rückwärts (a). Nach dem Absprung ist zunächst die Kopfsprunghaltung einzunehmen. Kopf nicht in den Nacken legen. Die Schraubendrehung beginnt erst nach dem Absprung. Der Körper bleibt (ohne Hohlkreuzhaltung) völlig gestreckt. Die Schraubendrehung kann auf drei verschiedene Arten ausgelöst werden:

1. Der Kopf wird im Gipfelpunkt mit dem Blick über die linke Schulter gedreht. Der linke Arm schwingt abwärts, am Oberschenkel vorbei und nach der Drehung wieder zur Seithalte.

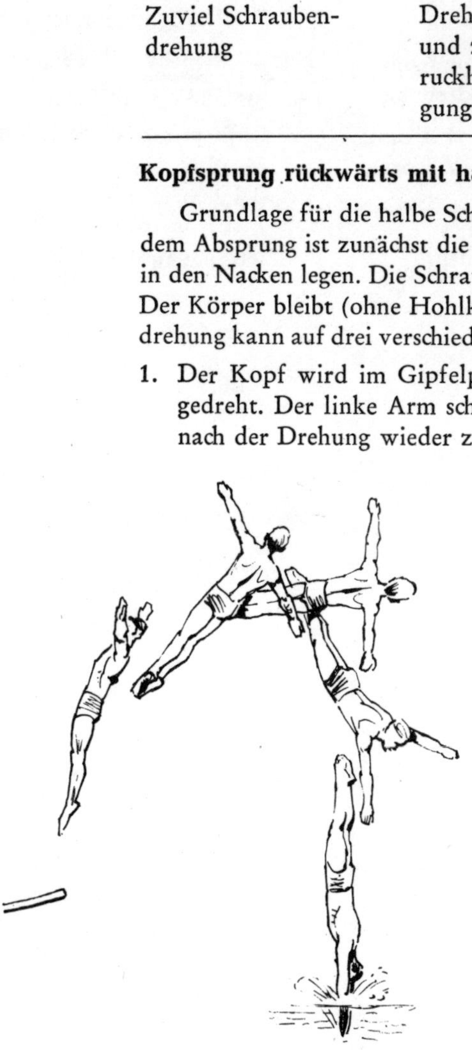

2. Kopfbewegung wie bei 1. Der linke Arm wird mit gebeugten Ellenbogen zurückgezogen und nach der Drehung wieder in die Seithalte gestreckt.
3. Die Arme bleiben während des Fluges in der Seithalte. Durch betontes Zurückdrücken des rechten Armes und Kopfwendung in die Drehrichtung wird die Schraube eingeleitet *(Abb. 88)*.

Übungsfolge:

Kopfsprung rückwärts a wiederholen
¹/₄ bis ¹/₂ Schraube aus dem Abfaller und Absprung
¹/₂ Schraube rückwärts.

Abb. 88 Kopfsprung rückwärts mit ¹/₂ Schraube

Methodische Hinweise:

Der Kopf darf bei der Schraube nicht in den Nacken gelegt werden, weil damit zugleich eine Hohlkreuzhaltung hervorgerufen, die Schraubendrehung und Orientierung erschwert werden.

Nicht vom Brett drehen, sondern erst zum Kopfsprung vorw. abspringen.

Fehler:	Ursache:	Korrektur:
Überschlagen	Zuviel Rücklage, Kopf im Nacken, Hohlkreuz	Bauch einziehen, Blick länger geradeaus, Kopf spät zurücknehmen
Flaches Eintauchen	Zu wenig Kopfsprungdrehung	Beine mehr anheben, kräftiger abspringen
Hüftbeugen	Lockere Haltung, flacher Absprung	Kopfsprung wiederholen, Muskeln anspannen, Beine mehr anheben
Schleudern	Zu frühes Schrauben	Erst Kopfsprung ansetzen, dann schrauben

E. Literatur

Beyer, J.: Sportliches Wasserspringen Teil I. Verlag Karl Hofmann, Schorndorf 1972², Bd. 51.

Ludwig, U.: Wasserspringen — gelernt — gekonnt. Pohl Druckerei und Verlagsanstalt, Celle 1971.

Deutscher Schwimm-Verband: Wettkampfbestimmungen — Fina Regeln. Verlag Deutscher Schwimm-Verband, München 1971.

Meinel, K.: Bewegungslehre. Verlag Volk und Wissen, Berlin-Ost 1976, 5. Auflage.

Wilke, K.: Wasserspringen. Wilhelm Limpert-Verlag, Homburg v. d. H. 1977.

Anschrift des Verfassers:

Dr. Heinz Braecklein
Königsberger Straße 72
7737 Bad Dürrheim